Axel Kühner

Lauter gute Lebensworte

Axel Kühner

Lauter gute Lebensworte

neukirchener

Was der Sonnenschein
für die Blumen ist,
das sind lachende Gesichter
für die Menschen.
Joseph Addison

Inhalt

Geteilte Freude

Ein Landwirt kommt zum Kloster. In der Hand hat er eine große Weintraube mit herrlich blauen saftigen Beeren. „Bruder Pförtner, ich habe die schönste Weintraube aus meinem Weinberg mitgebracht. Raten Sie mal, wem ich damit eine Freude machen will!" „Wahrscheinlich dem Abt oder sonst einem Pater. Ich weiß es nicht." „Nein, Ihnen!" „Mir? Sie haben an mich gedacht?" Er findet kaum Worte. Die Freude, die der Landwirt im Gesicht des anderen sieht, macht ihn selbst froh. Der Bruder Pförtner legt die Weintraube vor sich hin. Ach, die ist viel zu schön, um etwas davon abzupflücken. Den ganzen Vormittag freut er sich an ihrem Anblick. Dann hat er eine Idee: Wenn ich die jetzt unserem Vater Abt schenke, was für eine Freude wird der haben! Und er gibt die Traube weiter. Der Abt freut sich wirklich. Als er abends einen kranken Pater in seinem Zimmer besuchen will, kommt ihm der Gedanke: Den kannst du sicher mit dieser Traube froh machen. Die Traube wandert weiter. Schließlich bringt sie ein Mönch wieder zum Bruder Pförtner, um ihm einmal eine

Freude zu machen. So hat sich der Kreis geschlossen, ein Kreis der Freude.

Der Herr erfüllt mein Herz mit großer Freude, er richtet mich auf und gibt mir neue Kraft!
1. Samuel 2,1

Wir

Wir können einander segnen statt uns zu verfluchen. Wir können uns die Wunden verbinden statt Salz in sie zu streuen. Wir können uns Mut machen statt uns den Mut zu nehmen. Wir können uns in die Arme fallen statt einander die kalte Schulter zu zeigen. Wir können uns gegenseitig aufbauen statt einander niederzumachen. So machen wir Gottes Liebe sichtbar, unsere Herzen gesund, die Beziehungen heil, und geben der Welt ein Beispiel wie der Frieden gelingen könnte.

Wer nach deinem Willen lebt,
den beschenkst du mit deinem Segen,
deine Liebe umgibt ihn
wie ein schützender Schild.
Psalm 5,13

Was ist eigentlich das Leben?

An einem schönen Sommertag um die Mittagszeit war große Stille am Waldrand. Die Vögel hatten ihre Köpfe unter die Flügel gesteckt, und alles ruhte. Da streckte der Buchfink sein Köpfchen hervor und fragte: „Was ist eigentlich das Leben?" Alle waren betroffen über diese schwierige Frage. Die Heckenrose entfaltete gerade eine Knospe und schob behutsam ein Blatt ums andere heraus. Sie sprach: „Das Leben ist eine Entwicklung." Weniger tief veranlagt war der Schmetterling. Er flog von einer Blume zur anderen, naschte da und dort und sagte: „Das Leben ist lauter Freude und Sonnenschein." Drunten im Gras mühte sich eine Ameise mit einem Strohhalm, zehnmal länger als sie selbst, und sagte: „Das Leben ist nichts als Arbeit und Mühsal." Geschäftig kam eine Biene von einer honighaltigen Blume auf die Wiese zurück und meinte dazu: „Nein, das Leben ist ein Wechsel von Arbeit und Vergnügen." Wo so weise Reden geführt wurden, streckte auch der Maulwurf seinen Kopf aus der Erde und brummte: „Das Leben? Es ist ein Kampf im Dunkeln."

Nun hätte es fast einen Streit gegeben, wenn nicht ein feiner Regen eingesetzt hätte, der sagte: „Das Leben besteht aus Tränen, nichts als Tränen." Dann zog er weiter zum Meer. Dort brandeten die Wogen, warfen sich mit aller Gewalt gegen die Felsen und stöhnten: „Das Leben ist wie ein vergebliches Ringen nach Freiheit." Hoch über ihnen zog majestätisch der Adler seine Kreise. Er frohlockte: „Das Leben, das Leben ist ein Streben nach oben." Nicht weit vom Ufer entfernt stand eine Weide. Sie hatte der Sturm schon zur Seite gebogen. Sie sagte: „Das Leben ist ein Sich-Neigen unter eine höhere Macht." Dann kam die Nacht. Mit lautlosen Flügeln glitt der Uhu über die Wiese dem Wald zu und krächzte: „Das Leben heißt: die Gelegenheit nutzen, wenn andere schlafen." Und schließlich wurde es still in Wald und Wiese. Nach einer Weile kam ein junger Mann des Wegs. Er setzte sich müde ins Gras, streckte dann alle Viere von sich und meinte, erschöpft vom vielen Tanzen und Trinken: „Das Leben ist das ständige Suchen nach Glück und eine lange Kette von Enttäuschungen." Auf einmal stand die Morgenröte in ihrer vollen Pracht auf und sprach: „Wie ich, die Morgenröte, der Beginn eines neuen Tages

bin, so ist das Leben der Anbruch der Ewigkeit!"
(Ein schwedisches Märchen)

Bei aller Freude und aller Mühsal, bei allem Kampf und allem Dunkel, bei aller Lust und allen Tränen ist unser Leben auf die Ewigkeit hin angelegt. Leben ist Anbruch und Aufbruch, Leben ist auf Kommendes aus, ein echtes Abenteuer.

Halte dir immer vor Augen,
was gut und richtig ist,
und geh geradlinig darauf zu.
Sprüche 4,25

Schauen und Staunen

Um die Beziehung zwischen Gott und seiner Welt zu umschreiben, haben die Inder ein wunderbares Bild gebraucht: „Gott tanzt seine Schöpfung." Er ist der Tänzer, die Schöpfung der Tanz. Sie sind eins und sind doch zwei. Der Tänzer ist etwas anderes als der Tanz. Und doch gibt es das eine nicht ohne das andere. Wenn der Tänzer einhält, gibt es keinen Tanz mehr. Der Tänzer geht in seinem Tanz nicht auf, aber er kommt in ihm zum Ausdruck. So ist auch die Schöpfung der Ausdruck eines liebenden, schöpferischen Gottes. Alles Leben ist der Ausdruck von Gottes Überfluss an Liebe und Macht. Wenn wir Gottes Schöpfung sehen, sollten wir nicht so viel grübeln und denken, analysieren und philosophieren, reden und lärmen. Wir sollten still werden und dem Tanz zuschauen, lauschen und staunen, bis wir den Tänzer selbst sehen und erkennen.

Warte still und geduldig darauf,
dass der Herr eingreift!
Psalm 37,7

Der weise Richter

Eine arabische Geschichte erzählt von einem alten Richter, der wegen seiner Weisheit im ganzen Land gerühmt wurde. Eines Tages sucht ihn ein Geschäftsmann auf und berichtet, dass aus seinem Laden wertvolle Waren gestohlen worden seien. Er habe aber den Dieb nie ausfindig machen können. Der Richter befahl, die Ladentür aus den Angeln zu heben, mitten auf den Marktplatz zu bringen und sie dort mit fünfzig Peitschenhieben dafür zu bestrafen, dass sie es nicht vermocht hatte, den Dieb aus dem Laden fern zu halten.

Die ganze Stadt versammelte sich, um diesem ungewöhnlichen Strafvollzug beizuwohnen. Als die Hiebe auf die Tür ausgeteilt waren, beugte sich der Richter zu ihr hinunter und fragte sie, wer der Dieb sei. Dann legte er sein Ohr an die Tür, um ihre Antwort zu erlauschen.

Als er sich aufrichtete, rief er laut in die Menge: „Die Tür erklärt, dass die Diebstähle von einem Mann begangen seien, der auf seinem Turban eine Spinnwebe hat!"

In demselben Augenblick hob ein Mann aus der Menge seine Hand und fasste auf seinen Turban. Sogleich wurde sein Haus durchsucht, die gestohlenen Waren entdeckt und der Täter festgenommen.

Menschen können mir nichts vorwerfen,
in deinen Augen jedoch bin ich nicht ohne
Schuld; du weißt besser als ich,
wie dumm ich war.
Psalm 69,6

Unzufrieden?

Ein junges, fröhliches Fohlen lebte mit anderen Pferden in einem wunderschönen Tal. Es gab dort reichlich gutes Gras, sauberes Wasser und große, schattenspendende Bäume. Eines Tages wurde das Fohlen übermütig und unzufrieden. Das Tal war ihm zu eng, das Leben zu alltäglich, die Gesellschaft zu eintönig. „Vater, wenn ich hier weiterleben muss, werde ich ganz unglücklich. Die Weide bekommt mir nicht mehr, die Luft ist so schlecht. Wir wollen fort von hier!"

So zogen sie fort, steile, steinige Pfade hinauf. Das Gras wurde karger, der Sturm heftiger, die Gegend ungeschützter. Nach einigen Tagen war das Fohlen so erschöpft und hungrig, dass es kaum noch weiter konnte. So führte der Vater sein Fohlen auf einem anderen Weg zurück in das Tal. Kaum sah das Fohlen das weiche, saftige Gras unter seinen Hufen und schmeckte das saubere Wasser aus dem Bach, war es dankbar und glücklich, wieder daheim zu sein. In Zukunft wusste das Fohlen, wie gut es hier im Tal bei den anderen Pferden war. (Nach einer Fabel)

Wer mich findet, der findet das Leben, und an einem solchen Menschen hat der Herr Gefallen.
Sprüche 8,35

Gottes Schuhgröße

„Tritt in Gottes Fußstapfen,
er hat deine Schuhgröße!"

Dieser Satz freut mich. Ich kann Gott folgen mit meinen Möglichkeiten und in meinen Grenzen. Ich muss nicht großspurig leben und mit Siebenmeilenstiefeln große Sprünge machen. Gott wird in Jesus menschlich, geht über diese Erde, lebt unser Leben, nimmt unsere Schwachheit an und unsere Schuld auf sich, trägt unser Leid und hält unser Schicksal aus. Ich kann seinen Spuren folgen mit meinen Gaben und in meinen Verhältnissen. Ohne den Druck zu größeren Leistungen und ohne den Zwang zur Beschleunigung, kann ich in Gottes Fußstapfen treten. Die Nachfolge überfordert mich nicht, sie erlöst mich von übermenschlichen Anstrengungen und unmenschlichen Zwängen.

Aber dieser Satz macht mich auch nachdenklich. Ist Gott wirklich so klein und begrenzt? Hat er nur meine Schuhgröße und Armlänge, meine Herzfrequenz und Reichweite? Kann Gott nur Schritte machen wie ich? Nein, Gott ist größer als alle Welt, tiefer als alle Weisheit, höher als alle Vernunft, mächtiger als jedes Schicksal und stärker als der Tod. Gott ist der ewige, heilige, herrliche, große Gott, der Herr aller Herren und König aller Könige. Er ist der Anfang und die Vollendung allen Lebens. Ich folge Gott doch nicht, weil er so klein ist, sondern weil er immer noch größer ist. Ich folge Gott mit meiner Schuhgröße, aber ich folge Gott, der in keinen Schuh der Welt passen würde.

Aus seinem großen Reichtum wird euch Gott, dem ich gehöre, durch Jesus Christus alles geben, was ihr zum Leben braucht.
Philipper 4,19

Liebe rechnet nicht

Mann und Frau geraten in einen Streit. „Warum hältst du mir immer meine Fehler vor, die ich früher einmal gemacht habe? Ich denke, du hast sie mir längst vergeben und vergessen." – „Ja, ich habe dir vergeben und auch vergessen", antwortet die Ehefrau, „aber ich möchte auch sicher sein, dass du nicht vergisst, dass ich dir vergeben und alles vergessen habe!"

Die Liebe führt nicht Buch,
rechnet nicht auf, hält nicht vor,
trägt nicht nach. Die Liebe vergibt.

Jesus war auch eingeladen

Manchmal ist das Leben wie eine Hochzeit. Glück ist angesagt. Liebe blüht auf. Freude liegt in der Luft. Ein großes Abenteuer beginnt. Alles ist heiter und festlich, herrlich und gelöst. Wie ein wunderbares Land liegt das Leben offen vor uns.

So war es auch bei der Hochzeit zu Kana. Ein herrlicher Festsaal, ein glückliches Brautpaar, liebe Gäste, fröhliches Feiern, köstliches Essen, guter Wein, reich gedeckte Tische und strahlende Gesichter. Und Jesus war auch eingeladen. Jesus war zur Hoch-Zeit, zur Freudenzeit, zur Glückszeit, zur Festzeit eingeladen. Die Brautleute wollten ihre Ehe nicht ohne Jesus beginnen, ihr Fest nicht ohne ihn feiern. Sie wollten ihr Glück mit ihm teilen.

Laden wir Jesus auch zu den Hoch-Zeiten unseres Lebens ein? Wenn wir fröhlich sind, vor Glück nicht wissen wohin, gesund und wohlsituiert? Oder warten wir mit der Einladung bis zu den Tief-Zeiten des Lebens, wenn Angst uns packt, Sorgen uns quälen, Einsamkeit uns überfällt, Mutlosigkeit sich ausbreitet, Sünde uns belastet?

Das wäre ein ganz einfacher Maßstab für unser Leben: Nichts ohne Jesus beginnen, nichts ohne seine Gegenwart tun, kein Fest ohne ihn feiern, keine Entscheidung ohne ihn treffen, nichts ohne Jesus wagen oder angehen.

Wir können Jesus in unsere Freude, zu unserem Glück, in unsere Beziehungen, unsere Ehe und Familie, in Gesundheit und Erfolg, in unser Lachen und Singen einladen. Er teilt es mit uns wie kein anderer. Der einfachste Maßstab für ein richtiges Leben: Jesus ist eingeladen!

Helft anderen Christen, die in Not geraten sind, und seid gastfreundlich!
Römer 12,13

Das rechte Maß

Die goldene Mitte zu finden und das rechte Maß zu halten, sind die Klugheit des Lebens. Natürlich ist damit nicht eine gewöhnliche Mittelmäßigkeit, ein fauler Kompromiss oder das bequeme Zufriedensein mit der Hälfte des Erreichbaren gemeint. Die Mitte zwischen dem Zuviel und dem Zuwenig, also das rechte Maß, ist vielmehr der Gipfel oder das Optimum des Möglichen, bevor es ins Gegenteil und die Beschädigung des Lebens umkippt. Durch solches Maßhalten wird der Mensch nüchtern und sorgfältig, das heißt, er wählt mit liebender Wertschätzung das Beste aus.

Maßhalten bedeutet nicht Einengung, sondern die größtmögliche Weite und Freiheit, bevor man in Maßlosigkeit versklavt und zerstört wird.

Aus dem Reichtum deines Hauses schenkst du ihnen mehr als genug, mit Freude und Glück überschüttest du sie.

Psalm 36,9

Die Wunderpillen

Ein Arzt besucht seine Patienten im Altenheim. Ihm fällt ein 96-jähriger Mann auf, der stets zufrieden und freundlich ist. Eines Tages spricht ihn der Arzt darauf an und fragt nach dem Geheimnis seiner Freude. Lachend antwortet der Mann: „Herr Doktor, ich nehme jeden Tag zwei Pillen ein, die helfen mir!" Verwundert schaut ihn der Arzt an und fragt: „Zwei Pillen nehmen Sie täglich? Die habe ich Ihnen doch gar nicht verordnet!" Verschmitzt lacht der Mann und antwortet: „Das können Sie auch gar nicht, Herr Doktor. Am Morgen nehme ich gleich nach dem Aufstehen die Pille Zufriedenheit. Und am Abend, bevor ich einschlafe, nehme ich die Pille Dankbarkeit. Diese beiden Arzneien haben ihre Wirkung noch nie verfehlt."

„Das will ich Ihnen gerne glauben", meint der Arzt. „Ihr gutes Rezept werde ich weiterempfehlen."

Dankt dem Herrn,
denn er ist gut,
und seine Gnade hört niemals auf!
Psalm 106,1

Vierfache Freude

Der Mensch kennt eine vierfache Freude, die sein Leben erhebt:

1. Die Freude, Gutes zu tun. Auf diesem Feld der Ethik wird Freude erlebt, indem sie anderen gemacht wird.

2. Die Freude, Schönes zu sehen. Ästhetik ist der Sinn, der Formen und Farben, Zauber und Schönheit wahrnimmt.

3. Die Freude, Wahres zu erkennen. Vernunft und Verstand nehmen Zusammenhänge wahr und verarbeiten und verknüpfen sie.

4. Die Freude, Heiliges anzubeten. Im Glauben und Lieben sich dem heiligen Gott zu öffnen und seine Einwirkungen zu spüren, ist die höchste Lebensfreude.

Die Freude am Heiligen, Wahren, Schönen und Guten sind die elementaren Impulse und Träger des menschlichen Lebens. Wer nichts Heiliges anzubeten hat, wer keine Wahrheit erkennen kann, wer keine Schönheit sehen und nichts Gutes tun kann, lebt ein verkümmertes Leben.

Du beschenkst mich mit Freude,
denn du bist bei mir; aus deiner Hand
empfange ich unendliches Glück.
Psalm 16,11

Undank ist der Welt Lohn

Ein Bettler in einer großen Stadt Amerikas sieht einen reichen Geschäftsmann aus seiner Firma kommen und fragt ihn: „Könnten Sie mir einige Cents geben, dass ich mir mal eine Tasse Kaffee kaufen kann?“ Der Geschäftsmann hat Mitleid mit dem alten, abgerissenen Mann und sagt freundlich: „Hier haben Sie zwei Dollar, dafür können Sie sich zehn Tassen Kaffee nehmen!“

Am nächsten Tag sitzt der Bettler wieder vor der Firma des reichen Mannes. Und als er herauskommt, gibt er ihm eine schallende Ohrfeige.

„Guter Mann“, sagt der Geschäftsmann, „was soll das?“– „Sie und Ihre verfluchten zehn Tassen Kaffee! Die ganze Nacht konnte ich nicht schlafen!“

Ein vernünftiger Mensch ist tief in der Weisheit verwurzelt, sogar die Unvernünftigen können das erkennen.
Sprüche 14,33

Selig sind

Selig sind, die es verstehen, die kleinen Dinge ernst und die ernsten Dinge gelassen anzusehen; sie werden weit kommen.

Selig sind, die einen Berg von einem Maulwurfshaufen unterscheiden können; sie werden sich sehr viel Ärger ersparen.

Selig sind, die fähig sind, sich auszuruhen und Stille zu haben, ohne dafür Entschuldigungen zu suchen; sie werden weise werden.

Selig sind, die schweigen und zuhören können; sie werden dabei viel Neues lernen.

Selig sind, die denken, bevor sie handeln, und beten, bevor sie denken; sie werden eine Menge Dummheiten vermeiden.

Selig sind, die den Herrn in allen Wesen erkennen und lieben; sie werden Licht und Güte und Freude ausstrahlen.

(Nach einer Vorlage der Kleinen Schwestern, Paris)

Wider den Trübsinn

Die Lebensweisheit kennt vier Mittel gegen den Trübsinn. Ein gutes Essen, ein tiefer Schlaf, ein weiter Spaziergang und ein freundschaftliches Gespräch sollen dagegen helfen. Wir wissen, wie wichtig gute Ernährung, ausreichender Schlaf, viel Bewegung an frischer Luft und freundliche Gespräche für das Wohlbefinden von Körper, Seele und Geist sind.

In der Antike wurden diese Einsichten in der Lehre von der rechten Lebensweise, der sog. Diätetik, entfaltet. Danach sind Licht und Luft, Speise und Trank, Arbeit und Ruhe, Wachen und Schlafen, Ausscheidung und Absonderung, Anregung und Auferbauung die Dinge, die zur Gesundung des Lebens dienen. Es ist interessant, dass Gott seinem erschöpften Boten Elia, als er lebensmüde und abgekämpft, verzweifelt und schwermütig in der Wüste unter einem Baum liegt, genau diese vier Wohltaten schenkt und ihn damit wieder auf die Beine und den Weg bringt: mit Essen und Trinken, gutem Schlaf, einem wichtigen Gespräch und einem weiten Weg.

Wir sollten diese Einsichten leiblich ernstnehmen und befolgen und sie dann geistlich deuten. Dann brauchen wir für ein gesundes geistliches Leben: Brot und Wasser des Lebens von Gott, Ruhen in Gott, Reden mit Gott und Laufen für Gott. Das sind vier gute Mittel gegen den trüben Sinn und einen schweren Mut.

Sorgen drücken einen Menschen nieder,
aber freundliche Worte richten ihn wieder auf.
Sprüche 12,25

Eine Summe Freude

„Wie mit den Lebenszeiten,
so ist es auch mit den Tagen,
keiner ist uns gut genug, keiner ist ganz schön,
und jeder hat, wo nicht seine Plage, doch seine
Unvollkommenheiten.
Aber rechne sie zusammen, so kommt eine
Summe Freude und Leben heraus!“
Friedrich Hölderlin

Ein Trost des Alters besteht darin, dass wir uns auf die Summe Freude unseres Lebens besinnen: auf die vielen erfüllten Tage, Begegnungen, Erfahrungen, das bewusst Genossene und das tapfer Erlittene, was gelungen ist und wir geschafft haben, wo wir aus Fehlern gelernt und am Scheitern gereift sind. Nichts, was ein Leben wirklich ausmacht, hat gefehlt, Lachen und Weinen, Erfüllung und Enttäuschung, Gewinnen und Verlieren, Freude und Leid, Hoffen und Bangen, Sich-Finden und Sich-Trennen, Stärke und Schwäche, Jugend und Alter, Gesundheit und Krankheit, Gemeinsamkeit und Einsamkeit. All das hat es in meinem Leben gegeben und gehört nun zu meiner Geschichte.

Und in allem war Gottes Gegenwart zu erfahren, zu glauben, zu bewahren.

Zu dem Trost des richtig gelebten Lebens kommt dann noch die Hoffnung auf eine letzte Erfüllung des Lebens in Ewigkeit. So hat das Alter einen doppelten Trost: richtig leben vor dem Tod und ewig leben nach dem Tod. Und beides aus Gottes großer Güte.

Denn das Bitterste am Sterben wäre, nicht richtig gelebt zu haben und nicht ewig leben zu können!

Wer Liebe und Gerechtigkeit übt,
der findet das Leben; ein solcher Mensch erntet
Anerkennung und Ehre.
Sprüche 21,21

Wir haben den besten Anwalt

Haben wir schmerzliche Abschiede hinter uns und Berge von Schwierigkeiten vor uns, sind schwere Wege unter uns und bedrückende Lasten auf uns, finden wir nur Ratlosigkeit neben uns und große Angst in uns, wollen die Tage vor Einsamkeit nicht enden und die Seelen mit ihren Wunden nicht heilen, sind die Hände voller Scherben und die Herzen voller Sorgen, sind die guten Worte aufgebraucht und die Augen vom vielen Weinen ganz blind, wollen Gedanken und Gebete sich nicht mehr finden lassen, wirken die kleinen Tröstungen nicht mehr und sind die Ablenkungen abgenutzt, ist der Sinn abhandengekommen und die Hoffnung gestorben, dann bleibt uns noch eines: Jesus spricht für uns beim Vater vor und verwendet sich für uns. Er tritt für uns ein und bringt uns durch.

Ja, der Herr hat mein Schreien gehört,
er nimmt mein Gebet an.
Psalm 6,10

Nimm dir Zeit

Die einzige Möglichkeit, Zeit zu haben, ist,
sich die Zeit zu nehmen.

Nimm dir Zeit zur Arbeit,
das ist der Weg zum Erfolg.

Nimm dir Zeit nachzudenken,
das ist die Quelle des rechten Tuns.

Nimm dir Zeit zum Spielen,
das ist das Geheimnis der Kinder.

Nimm dir Zeit zum Lachen,
das ist die Musik der Seele.

Nimm dir Zeit zum Lesen,
das ist der Brunnen der Weisheit.

Nimm dir Zeit, freundlich zu sein,
das ist die Brücke zum Andern.

Nimm dir Zeit zum Träumen,
das ist der Weg zu den Sternen.

Nimm dir Zeit zum Beten,
das ist die größte Kraft des Lebens.

Nimm dir Zeit zum Schlafen,
das erneuert die Kräfte für Leib und Seele.

Nimm dir Zeit für Menschen,
das ist wichtiger als viele Dinge.

Nimm dir Zeit für Gott, denn ohne ihn
ist jede Zeit verlorene Zeit!

Was die Zeit auch bringen mag,
es liegt in deiner Hand.
Psalm 31,16

Gott ist uns näher, als wir denken

Ein alter, frommer Mann wohnte in einem Haus nahe am Flussufer. Nach tagelangen Regenfällen trat der Fluss gefährlich über seine Ufer. Ein Rettungsfahrzeug des Technischen Hilfswerkes kam vorbei, um die Bewohner zu retten. „Kommen Sie", riefen die Helfer dem Mann zu. „Ich brauche eure Hilfe nicht", antwortete der Mann, „Gott wird mich schon retten, ich vertraue auf ihn allein!" Das Fahrzeug fuhr weg, und die Wasser stiegen. Schließlich saß der Mann im ersten Stock seines Hauses, und das Erdgeschoß war schon voll Wasser gelaufen. Da kam ein Motorboot vorbei, um den Mann zu bergen. „Ich brauche eure neumodischen Boote nicht!", rief der Mann den Helfern zu, „ich verlasse mich ganz und gar auf Gott, der wird mir helfen!" Das Boot fuhr davon, und das Wasser stieg weiter. So kroch der Mann auf das Dach und saß auf dem First. Da kam ein Hubschrauber und ließ einen Helfer mit einem Rettungsgurt herab. „Schnell, hängen Sie sich ein, wir bringen Sie in Sicherheit!" Doch der Mann wollte von dem Teufelszeug von Hubschrauber nichts wissen. Der Hubschrauber flog davon, und das Haus stürzte ein. Der Mann ertrank in den reißenden Fluten. Und als er vor Gottes Thron stand, sagte er zu Gott: „Du hast meinen Glauben schlecht belohnt. Ich habe mich ganz auf dich verlassen, aber ich habe vergeblich auf deine Rettung gewartet!" Da antwortete ihm der Herr: „Du Narr, erst habe ich dir das Technische Hilfswerk geschickt, dann ein Motorboot und schließlich noch einen Hubschrauber, um dich aus deiner misslichen Lage zu befreien. Aber du Ungehorsamer wolltest dich ja nicht retten lassen!"

Für den Dummkopf ist Weisheit unerreichbar.
Sprüche 24,7

Was Menschen so brauchen

Ein russisches Sprichwort sagt: „Wichtiger als der Pelz, der von außen wärmt, ist das Brot, das von innen ernährt!“ Das Brot schmeckt köstlich, es stillt den Hunger. Der Pelz ist kostbar und wird gern gebraucht. Das Wort „kosten“ hat in der deutschen Sprache zwei Bedeutungen. Was wir kosten im Sinne von „schmecken“, nennen wir köstlich. Was etwas kostet im Sinne von „wertvoll sein“, nennen wir kostbar. Frisches Brot ist köstlich, ein warmer Pelz ist kostbar.

So unterscheidet auch die Bibel zwischen der Güte Gottes, die köstlich ist, weil sie die Seele nährt und das Herz stillt, und den Gütern Gottes, seinen Gaben, die wertvoll sind und kostbar. Sie werden wir dankbar gebrauchen.

Es kommt alles darauf an, dass wir die Güte Gottes schmecken: seine Liebe, in der er uns gut ist, es gut mit uns macht und einen guten Weg für uns hat. An seiner Liebe und Güte stillen wir unsere Seele. Dann werden wir sein Gaben, Lebensraum und Lebenszeit, Leib und Gesundheit, Arbeit und Lohn, Menschen und Beziehungen dankbar gebrauchen.

Wie kostbar ist deine Güte, o Gott:
Bei dir finden Menschen Schutz und Sicherheit.
Psalm 36,8

Schmerz und Freude

„Scheiden tut weh“, heißt es in einem Volkslied. Jede Trennung hat ihren Schmerz. Wer seine Heimat verliert, Gewohntes verlässt, gute Freunde vermisst, vom Arbeitsleben Abschied nimmt, glücklichen Zeiten nachtrauert, Kinder aus dem Haus gehen sieht und liebe Menschen zur letzten Ruhe geleitet, kennt dieses Weh. Scheiden, Trennen, Verlieren, Vermissen, Verabschieden, Zurücklassen und Entbehren sind die Worte für diesen Schmerz.

„Aber dein Scheiden macht, dass mir das Herze lacht …“ so geht das Lied weiter und erinnert uns daran, dass in allem Schmerz der Trennung auch die Freude des Aufbruchs und Gewinns verborgen liegt. Neue Zeiten, neue Länder, neue Wege, neue Menschen, neue Erfahrungen, neue Aufgaben, neues Leben sind nur möglich, wenn wir mutig zurücklassen und fröhlich aufbrechen. So gehen Abschied und Anfang ineinander über.

Geboren werden und Sterben sind die extremsten und markantesten Beispiele für diesen Zusammenhang. Wehen und Schmerzen, Glück und Freude sind in der Geburt eins. Es tut so weh und ist so gut, dass das Herze lacht.

Auch im Sterben sind Leiden und Weh mit Hoffnung und Aufbruch, schmerzliches Ende und glücklicher Anfang ineinander gewoben.

Wenn vergehende Zeit werdende Ewigkeit, wenn Abschied nehmen Aufbrechen, wenn Scheiden Ankommen ist, dann darf beides sein: „Scheiden tut weh, aber das Scheiden macht, dass mir das Herze lacht ...

Schenke uns deine Liebe jeden Morgen neu!
Dann können wir singen und uns freuen,
solange wir leben!
Psalm 90,14

Brauchen wir es wirklich?

Ein Mann hatte in seiner Gier nach Geld einen großen Goldschatz erworben und in seinem Geiz im Garten vergraben. Jede Woche grub er nachts das Loch auf und berauschte sich am Anblick seines Vermögens. Irgendwann muss ihn dabei jemand beobachtet, seinen Schatz ausgegraben und mitgenommen haben. Als der Geizhals das nächste Mal seinen Garten aufgrub, um den Goldschatz zu betrachten, fand er nur das leere Loch. Vor lauter Schmerz und Wut schrie der Mann, heulte und jammerte. Als die Nachbarn zusammenliefen, klagte er ihnen seinen Verlust. Einer der Nachbarn fragte den Mann, ob er denn das Gold zu etwas gebraucht hätte. „Nein“, sagte der Mann, „ich wollte es nur jede Woche ansehen und mich freuen!“ „Wenn du das Gold gar nicht gebraucht hast, dann kannst du ebenso gut jede Woche das leere Loch anschauen! Das macht doch wirklich keinen Unterschied.“

Dann ist Gott selbst dein kostbarer Schatz, dann bedeutet er dir mehr als alles Gold und Silber.

Hiob 22,25

Auf dem Wege der Besserung

Eine Geschichte aus Korea erzählt, wie eines Tages der Diener einer sehr reichen Familie der Versuchung nicht widerstehen konnte und einen Sack Reis aus der Vorratskammer stahl. Vorsichtig schlich er mit seiner Last aus dem Palast, als plötzlich seine Herrin hinter einer Tür stand. Erschrocken stammelte der Diener eine Entschuldigung. Doch obwohl die Frau den Diebstahl durchschaute, spornte sie den Mann an, schnell mit dem Sack Reis zu verschwinden, damit ihn der Hausherr nicht damit erwische. So rannte der Dieb weiter und war noch mehr erschrocken, als er im nächsten Tor seinen Herrn erblickte. Der erfasste schnell die Situation und raunte dem Diener zu: „Beeil dich, bevor die Herrin dich entdeckt und dich bestraft!" Ganz beschämt nahm der Diener den Sack Reis, kehrte um, brachte ihn wieder in die Vorratskammer zurück. Das war der Anfang einer Besserung.

Wer das Urteil der Menschen fürchtet, gerät in ihre Abhängigkeit; wer dem Herrn vertraut, ist gelassen und sicher.
Sprüche 29,25

Schwer zu sagen

„Papa, was ist ein Vakuum?“ – „Wart mal, Junge, ich hab‘s im Kopf, aber ich kann es im Moment nicht sagen!“

Manches haben wir auf der Zunge, können es aber im Moment nicht aussprechen. Das sind die kleinen Vergesslichkeiten, die wir augenzwinkernd übergehen.

Manches haben wir im Kopf, können es aber nicht erklären. Nicht nur im Scherz wie oben, sondern ernsthaft. Zum Beispiel hat Augustin einmal gesagt: „Die Zeit – wenn mich niemand fragt, weiß ich, was Zeit ist, soll ich es aber jemandem erklären, finde ich keine Worte.“ Es gibt viele Dinge und Erfahrungen, die wir als passiven Schatz in uns tragen als Wissen oder Gewissheit, die wir aber nur schwer jemandem erklären und in Worte fassen können. Die Liebe, zum Beispiel, ist schwer einem Kind zu erklären. Oder: Wer ist Gott? Auch wenn wir ihn fest im Herzen haben, im Leben erfahren und im Kopf erfasst, gibt es die Worte, ihn zu beschreiben und zu erklären?

Der Herr allein gibt Weisheit, und nur von ihm kommen Wissen und Urteilskraft.
Sprüche 2,6

Eine gute Aussicht

Gottes Liebe hüllt uns wie warme Kleidung sorgsam ein. Jesu Gegenwart umgibt uns wie eine zweite Haut. So ist unser Leben von Gott völlig umfangen, und wir sind bei ihm gut untergebracht.

Alles, was nun auf uns zukommt, kommt zuerst auf Gott zu. Was uns berührt, muss zuerst Gott berühren. Nichts wird uns betreffen können, ohne vorher auf Gott zu treffen. Jeder neue Tag, jede Aufgabe und Begegnung, jeder Mensch und jedes Ereignis müssen erst an Gott heran, bevor sie uns erreichen. Das ist eine gute Aussicht für jedes neue Jahr!

Welche Leiden uns auch begegnen, Gott wird in seiner Liebe zu uns zuerst darunter leiden. Was uns Freude und Hoffnung macht, wird erst Gott erfreuen. Menschen, die uns helfen oder hindern, trösten oder traurig machen, treffen erst auf Gott, bevor sie zu uns kommen.

Nichts, was uns begegnet oder widerfährt, bedrückt oder erhebt, uns aufgetragen oder abverlangt wird, kommt in unser Leben, ohne bei Gott gewesen zu sein. Die Widrigkeiten, die uns entgegenstehen, empfängt Gott vor uns. Was wir auch erdulden, legt sich erst auf Gott und wird dadurch in erträgliches und zuträgliches Leid verwandelt. Nicht wir tragen letztlich das Leben, Gott trägt uns mit unserem Leben!

Alles Neue, Schönes und Schweres, Lustvolles und Leidvolles, Gutes und Böses, Großes und Kleines kommt zuerst zu Gott und wird von seiner Liebe und Freundlichkeit in seine Art verwandelt und trifft dann erst auf uns. Alles, was uns begegnet, bekommt von Gott her eine ganz andere, göttliche Art und Natur. Die Zukunft ist immer Gottes Zukunft, und was wir erleben, erlebt Gott vor uns und mit uns.

Alles, was Gott uns gibt, ist gut und vollkommen.
Jakobus 1,17

Geborgen

Gott ist unter uns in seiner tragenden Liebe. Seine glühende Liebe sucht immer die tiefste Stelle unseres Lebens. Wo wir ganz tief besorgt und geängstigt sind, da ist Gott noch unter uns. Wo wir tief in Trauer und Leid hineingeraten, da reicht seine Barmherzigkeit noch tiefer. Wo Menschen ganz tief in Verzweiflung und Resignation hineinfallen, da fängt uns Gottes Treue auf.

Selbst die tiefste Verstrickung in Sünde und Schuld nimmt Gott noch auf sich, indem das Lamm Gottes unsere Sünde hinwegträgt.

Gott ist über uns in seiner bergenden Macht. Was auch immer für Mächte nach unserem Leben greifen – die Mächte des Bösen, der Lüge, des Schicksals und des Todes – Gott hält seine mächtige Hand über uns. Er deckt uns zu und bewahrt uns vor einem letzten Zerbrochen- und Angetastet-Werden.

Gott ist neben uns als Ratgeber und Begleiter. Als Freund teilt er unsere Freude. Als Tröster leidet er mit uns. Aus dem traurigen Begleiter der Angst wird nun der göttliche Begleiter der Hoffnung. Gott ist viel mehr um uns besorgt, als wir es selbst je sein könnten. Wie seinen Augapfel birgt und umhüllt Gott die Seinen.

Gott wohnt mit seinem Geist in uns. Unser zerbrechliches Leben, unser sterblicher Leib soll eine Wohnung seines Heiligen Geistes sein. Seine ganze Herrlichkeit soll in uns zur Auswirkung und zum Ausdruck kommen. Gott nimmt Wohnung bei uns, damit wir einmal ganz bei ihm wohnen und zu Hause sein können.

Von allen Seiten umgibst du mich
und hältst deine schützende Hand über mir.
Psalm 139,5

Geduld

Geduld ist

die Kraft des langen Atems,
die Tugend des weiten Weges,
die Stärke beharrlichen Bleibens,
die Tapferkeit stillen Ertragens,
der Mut lauten Fürsprechens,
die Freiheit unbedingter Treue
und die Gewissheit eines guten Zieles.

Die guten Seiten

Die bitteren Seiten des Lebens drängen sich brutal in unser Empfinden hinein, ohne dass wir sie daran hindern können. Die guten Seiten des Lebens müssen wir aufspüren, bewusst in unser Herz einladen, sie hegen und pflegen, damit sie uns prägen und begleiten.

Nur bei Gott komme ich zur Ruhe;
er allein gibt mir Hoffnung.
Psalm 62,6

Der deinen Mund fröhlich macht

Der Mund ist die Öffnung zum Leben. Durch ihn atmen wir Lebens-Stoffe ein und Schadstoffe aus. Mit ihm trinken wir und stillen unseren Durst nach frischem Wasser. Mit ihm essen und schmecken wir, was zur Ernährung und Erhaltung lebensnotwendig ist. Mit ihm sprechen wir und teilen uns anderen mit. Mit ihm singen wir und drücken unsere Freude, Sehnsucht und Trauer aus. Mit ihm küssen wir als Zeichen der besonderen Liebe und Nähe zu einem Menschen. Und mit dem Mund beten wir zu Gott als der höchsten und schönsten Öffnung unseres Lebens zu dem Lebendigen.

Das Beten schließt alle anderen Funktionen des Mundes ein. Beten ist wie atmen. Wir atmen die Liebe Gottes ein und unsere Sorgen und Gifte aus. Beten ist wie trinken aus der lebendigen Fülle Gottes. Beten ist wie essen vom Brot des Lebens. Beten ist ein Zwiegespräch mit Gott, in dem er sich uns mitteilt, und wir uns ihm mitteilen. Beten ist Singen, Loblieder voller Freude und Klagelieder voller Trauer. Und Beten ist wie Küssen, mehr als ein Akt des Mundes, eine wunderschöne Vereinigung von Liebenden.

So ist Beten alles und die Krönung von allem: atmen, trinken, essen, sprechen, singen und küssen. Es ist die stärkste und intimste Öffnung zum Leben. Der Mund empfängt und sendet. Durch ihn geht das Leben ein, und aus ihm kommt das, was der ganze Mensch empfangen hat, heraus: Worte der Liebe, Lieder der Liebe und Zeichen der Liebe, Gebete zu Gott.

Seid fröhlich in der Hoffnung darauf,
dass Gott seine Zusagen erfüllt (...)
Und lasst euch durch nichts
vom Gebet abbringen.
Römer 12,12

Sich selbst erkennen

Eine Geschäftsfrau verstaute nach ihrem Einkauf im Wohnzimmerschrank eine Dose mit kostbaren Pralinen. Als sie am Abend die Dose zur Hand nahm, um einige der erlesenen Köstlichkeiten zu genießen, war die Dose leer. Am nächsten Tag fand sie die Pralinen sorgfältig verpackt unter den Sachen ihrer Haushälterin. Die gutherzige Frau wollte deswegen keine Szene oder einen Streit. So füllte sie kurzerhand die Pralinen wieder in die Dose und stellte sie in den Wohnzimmerschrank zurück. Ganz überrascht war die Familie dann, als die Haushälterin nach dem Abendessen sagte, dass sie die Stelle noch heute aufgeben möchte. Als der Hausherr sie nach den Gründen fragte, sagte die Frau entrüstet: „Ich möchte nicht bei Leuten arbeiten, die zurückstehlen!"

In den Fehlern und Schwächen anderer Menschen können wir immer auch uns selbst erkennen. Wenn wir nur nicht so blind für unsere eigenen Fehler und so ungerecht im Blick auf die Schwächen anderer wären.

Warum siehst du jeden kleinen Splitter im Auge deines Mitmenschen, aber den Balken in deinem eigenen Auge bemerkst du nicht?
Matthäus 7,3

Der Grund der Freude

Drei junge Männer stiegen eines Tages in ein Zugabteil. Sie lachten und waren sehr fröhlich. Sie konnten ihre übergroße Freude nicht verbergen. Sie hatten sich entschlossen, Jesus nachzufolgen, und kamen von einer Konferenz, auf der sie in ihrem Glauben bestärkt und neu motiviert worden waren.

Im Abteil saß eine Dame, die schließlich bissig anmerkte: „Sie scheinen ja besonders fröhlich zu sein!" – „Raten Sie mal, warum!", antwortete einer der drei. „Sie sind vielleicht ein wenig betrunken?" – „Nein, das ist es nicht!" – „Dann haben Sie wohl eine Fete gefeiert." – „Nein." – „Haben Sie vielleicht im Lotto gewonnen?" – „Das ist es auch nicht!" – „Ja dann muss wohl einer von den Toten auferstanden sein!" meinte die Dame gekränkt. „Ganz recht, das ist es!", meinten die jungen Leute. „Dann war der Betreffende wohl nur scheintot!" – Die drei lachten: „Nein, er war richtig tot. Aber nun lebt er auch richtig und ist wahrhaftig auferstanden. Und darum haben wir eine so große Freude!" Erschrocken fragte die Dame zurück:

„Davon habe ich ja gar nichts gehört! Wer war denn das?“ Da erzählten ihr die drei jungen Männer von Jesus, der für sie gestorben und wieder auferstanden ist.

Du zeigst mir den Weg, der zum Leben führt.
Du beschenkst mich mit Freude,
denn du bist bei mir.
Apostelgeschichte 2,28

Groß und klein

Christen haben große Ziele
und widmen sich kleinen Dingen.
Sie haben eine große Vision
und machen viele kleine Schritte.
Sie haben kleine Aufgaben
und erledigen sie mit großer Treue.
Sie haben nur eine kleine, begrenzte Kraft,
aber sie gehen durch eine weit offene Tür ins
Unbegrenzte.

Du bist doch nicht irgendwer

Du bist doch nicht irgendwer, der von irgendwo nach nirgendwo geht. Du bist eine Person, eine einmalige, unverwechselbare, originale und wertvolle Persönlichkeit. Du bist doch keine Nummer, keine Funktion, kein Rädchen in einem Riesengetriebe, keine Ware auf dem Markt der Möglichkeiten, kein Spielball der anderen, kein Ding, sondern ein geliebter Mensch. Dein Wert ist mehr als die Verwertbarkeit, deine Würde mehr als der Marktwert. In den Augen Gottes bist du mehr als die Summe deiner Leistungen und mehr als die Summe deiner Fehler.

Gott lässt dir sagen: „Ich habe dich bei deinem Namen gerufen; du bist mein! Und weil du in meinen Augen kostbar bist und wertvoll für mich, habe ich dich lieb!“

Jesaja 43,1.4

Die Kälte, die wärmt

Zwei Nachbarinnen pflanzten in ihren Vorgärten Rosen. Sie hegten und pflegten sie beide und hatten ihre Freude an der Blütenpracht einen ganzen Sommer lang. Dann kam der Herbst. Von den hohen Bäumen im Garten fiel das Laub. Die Rosenstöcke trugen noch letzte Blüten.

„Ihr, meine schönen Rosen, werdet ja ganz schmutzig von all dem alten Laub“, sprach die eine. Und sie fegte jeden Tag die Blätter zusammen und trug sie fort. So war ihr Vorgarten blitzsauber, bis der erste Schnee fiel.

Die andere aber schien sich gar nicht zu kümmern. Sie ließ das Laub liegen, sah nur hin und wieder zu den Blüten und sagte: „Bis zum nächsten Sommer, meine Rosen.“

Es wurde Winter. Dicke Flocken fielen auf die Erde.

„Der Schnee ist kalt!“, klagte die Frau wieder. „Meine Rosen werden frieren.“ Und sie machte sich daran, den Schnee wegzufegen. Jeden Tag hatte sie viel zu tun. Über ihre Nachbarin wunderte sie sich sehr, die ihre Blumen dem kalten Schnee schutzlos auslieferte.

Dann kam das Frühjahr. Jeden Tag lief sie nach draußen, um nach den ersten Knospen zu sehen, doch die Zweige waren braun und zeigten kein Leben. Auch die Nachbarin kam wieder zu ihrem Rosenbeet. Sie befreite die noch kahlen Zweige vom alten Laub, hackte und beschnitt sie. Bald zeigten sich dort die ersten grünen Spitzen.

Die Rosen der anderen aber blieben kahl. Ihnen hatte der strenge Frost des Winters geschadet. Warum auch hatte sie den wärmenden Schnee weggeräumt?

Die Ordnung des Menschen ist nicht Gottes Ordnung.

Er sagt: „Meine Gedanken
sind nicht eure Gedanken,
und meine Wege sind nicht eure Wege."
Jesaja 55,8

Zankapfel

Eine alte griechische Sage erzählt von Herakles, der einst durch eine Bergenge kam. Auf dem Weg lag etwas, das wie ein Apfel aussah. Herakles versuchte, es zu zertreten, aber es verdoppelte sich. Nun trat er noch stärker darauf, und es vergrößerte sich wieder. Da schlug er mit seiner Keule darauf ein. Doch es blähte sich zu etwas ganz Großem auf und versperrte ihm den Weg. Da warf er die Keule fort und blieb erschrocken stehen. Es erschien ihm Athene und sprach: „Lass ab! Was du siehst, ist Zanksucht und Streit. Wenn man es liegen lässt, bleibt es klein. Wenn man es aber aufnimmt, so schwillt es immer mehr an."

So erleben wir es jeden Tag. Ein kleiner Zankapfel fällt auf den Weg, ein unbedachtes Wort, ein winziges Missverständnis, ein Nebensatz, der sticht. Immer wird es solche Zankäpfel geben: Ärger beim Frühstück, Meinungsverschiedenheiten bei der Arbeit. Man kann es liegen lassen, einfach darüber hinweggehen. Wenn wir es aber aufheben, wird es sich vergrößern und uns den Weg versperren.

Lasst die Sonne nicht untergehen,
ohne dass ihr einander vergeben habt.
Epheser 4,26

Den richtigen Weg wissen

Ein großes Passagierschiff gelangt vor den Hafen und wartet auf die Einfahrt in die Flussmündung. Der alte Kapitän begrüßt den Lotsen, einen ganz jungen Mann, der gerade sein Examen bestanden hat. Etwas besorgt fragt der Kapitän den jungen Lotsen: „Kennen Sie denn auch alle die Klippen und Gefahren, Sandbänke und flachen Stellen in dem Fluss?“ Der junge Lotse antwortet: „Nein, ich kenne nicht alle gefährlichen Stellen des Flusses, aber ich kenne die Fahrrinne ganz genau, durch die hindurch ich Ihr Schiff sicher in den Hafen leiten kann!“

Wir müssen nicht erst alle Gefahren des Lebens bestanden, alle Klippen und Abgründe durchlebt haben, um richtig zu leben. Besser ist, wenn wir den guten Weg zum Ziel und den richtigen Weg zum Überleben wissen. Das Vertrauen in einen richtigen Weg ist besser als die Erfahrung von Scheitern und Zerbrechen. Darum halten wir uns an den einen, der von sich gesagt hat, dass er der Weg und die Wahrheit und das Leben ist, an Jesus. Er bringt uns mit Liebe und Sorgfalt an das Ziel unseres Lebens.

Wer zu ihm aufschaut,
der strahlt vor Freude,
und sein Vertrauen wird nie enttäuscht.
Psalm 34,6

Die Freude, Freude zu machen

Elisabeth von Thüringen hatte als Witwe vor den Toren der Stadt Marburg ein Hospital gegründet und pflegte darin Kranke und Arme. Eines Tages erhielt sie zu ihrer eigenen Versorgung zweitausend Mark in Silber vom Landgrafen Heinrich Raspe. Sogleich beschloss sie, ein Viertel der Summe an Arme zu verteilen, und ließ bekannt machen, alle Notleidenden der Umgebung sollten sich an einem bestimmten Tag im Hospital einfinden.

Als der Tag herangekommen war, versammelte sich eine große Schar von Armen, Kranken und bedürftigen Alten im Hof des Hospitals. Während des ganzen Tages verteilte Elisabeth das Geld und tröstete und ermutigte die Leute. Am Abend blieben noch viele Schwache und Alte da, denn der Heimweg am gleichen Tag war ihnen zu beschwerlich. Elisabeth ließ mitten im Hof ein großes Feuer anzünden, damit sich alle wärmen konnten. Dann wurden sie gewaschen und gespeist. Die geschundenen und verhärteten Menschen spürten, dass ihnen nicht bloß ein Almosen gegeben wurde, sondern ihnen Liebe und Herzlichkeit begegnete.

Sie fühlten sich als eine große Familie und sangen und lachten. Da sagte Elisabeth zu ihren Gefährtinnen: „Seht, ich habe immer gesagt, man muss die Menschen froh machen." (Aus Legenden der Christenheit)

Was ihr für einen meiner geringsten Brüder oder für eine meiner geringsten Schwestern getan habt, das habt ihr für mich getan.
Matthäus 25,40

Peinlich

Die Sensationslust der Menschen treibt die Reporter der Boulevardpresse zu immer dreisteren Tricks, um nahe an Katastrophen und Unfälle heranzukommen. In einer Kleinstadt liefen alle Menschen auf der Straße zusammen, weil es einen Unfall gegeben hatte. Der Zeitungsreporter konnte durch die dicke Traube von Menschen nicht durchkommen, um zu sehen, was geschehen war. Da kam ihm ein rettender Gedanke. Er rief laut: „Ich bin der Vater des Opfers, bitte lassen Sie mich durch!" Die Menge machte ihm Platz, so dass er direkt zur Unfallstelle gelangte. Und dort musste er – peinlich, peinlich – sehen, dass das Opfer ein Esel war.

Wer antwortet, bevor er zugehört hat,
zeigt seine Dummheit und macht sich lächerlich.
Sprüche 18,13

Wenn Gott ruft

Einst kam ein junger Mann nach Bethel zu Vater Bodelschwingh mit dem Wunsch, als Missionar nach Übersee zu gehen. Begeistert erzählte er, dass er sich dazu berufen fühle. Bodelschwingh war zunächst sehr zurückhaltend, denn er wusste, wie oft menschliche Begeisterung einen solchen Lebenswunsch auslösen konnte. So schickte er den jungen Mann erst einmal in das tropenmedizinische Institut, um seine Tropentauglichkeit feststellen zu lassen. Der Arzt hatte für den jungen Mann nach der umfangreichen Untersuchung eine niederschmetternde Nachricht. Höchstens ein Jahr werde er den Strapazen der Tropen standhalten können. Sein ärztliches Urteil: nicht tropentauglich.

Traurig kam der Mann mit dem Arztbericht zu Bodelschwingh. Der fragte ihn unverblümt: „Wären Sie denn nun bereit, für ein Jahr hinauszugehen und das unter Umständen mit Ihrem Leben zu bezahlen?“ „Ja“, sagte der junge Mann, ohne zu zögern, „ich bin bereit!“ - „So gehen Sie in Gottes Namen hinaus!“ So wurde der junge Mann Missionar der Bethel-Mission und blieb über 50 Jahre auf dem Missionsfeld.

Wenn Gott ruft und nichtmenschliche Begeisterung uns bewegt, dann gibt es auch einen Weg und eine Erfüllung.

Ein anständiger Vogel

Ein Mann kommt an den Königshof und sieht viele neue Dinge. Als er so durch den Palast schlendert, sieht er zum ersten Mal in seinem Leben einen königlichen Falken. Eine solche Vogelart hatte er noch nie gesehen. Er kannte aus seiner Heimat nur eine Taube. Also lockte er den Vogel, nahm die Schere und beschnitt die Krallen, die Flügel und den Schnabel des königlichen Falken.

„Nun siehst du aus wie ein anständiger Vogel", sagte er, „wie schlecht haben sie dich hier behandelt."

Wie eng und festgelegt leben manche Menschen in ihrer bekannten und vertrauten Welt und schneiden alles, was ihnen fremd ist, auf ihr Maß zurück. Wenn wir andere Menschen beschneiden, damit sie nach unseren Maßen anständige Menschen werden, machen wir sie kaputt und bringen uns um die Chance, von ihnen zu lernen.

Aber die Weisheit – wo ist sie zu finden? Und wo entdeckt man die Einsicht?

Hiob 28,20

Was Gott will

Gott will uns nicht dingen, sondern freien. Bei ihm werden wir nicht verdinglicht, also zu Sache und Funktion gemacht, sondern als Personen und persönliche Gegenüber, als Freunde und Geliebte wertgeschätzt. Gott möchte uns in seiner Liebe freimachen von allen Diktaten, der Macht der Sünde, der List des Teufels, den Netzen des Verderbens, der Gewalt des Todes, den Schrecken der Vergänglichkeit, der Angst vor dem Weniger und der Gier nach Mehr. Gott möchte uns aus tiefer Verkrampfung und bitterer Verlorenheit auslösen und zugleich tröstend und bergend, schützend und schonend festhalten. Gott löst uns aus dem Verderben aus und bindet uns in seine Treue ein. Das ist das Geheimnis der Freiheit: kindlich abhängig von Gott und königlich frei von allen anderen Zwängen. In dieses Geheimnis, in dieses Heim und Haus lädt Gott uns ein. Er möchte mit uns den befreienden Vertrag der Liebe schließen, und wir sollten ihn bitten: „Komm und freie mich mit deiner unbedingten Liebe!"

Gottes Geist allein schafft Leben.
Johannes 6,63

Völlig eingehüllt

Gott ist unter uns in seiner tragenden Liebe. Seine glühende Liebe sucht immer die tiefste Stelle unseres Lebens. Wo wir ganz tief besorgt und geängstigt sind, da ist Gott noch unter uns. Wo wir tief in Trauer und Leid hineingeraten, da reicht seine Barmherzigkeit noch tiefer. Wo Menschen ganz tief in Verzweiflung und Resignation hineinfallen, da fängt uns Gottes Treue auf. Selbst die tiefste Verstrickung in Sünde und Schuld nimmt Gott noch auf sich, indem das Lamm Gottes unsere Sünde hinwegträgt.

Gott ist über uns in seiner bergenden Macht. Was auch immer für Mächte nach unserem Leben greifen, die Macht des Bösen, der Lüge, des Schicksals und des Todes, Gott hält seine mächtige Hand über uns. Er deckt uns zu und bewahrt uns vor einem letzten Zerbrochen- und Angetastetwerden.

Gott ist neben uns als Ratgeber und Begleiter. Als Freund teilt er unsere Freude. Als Tröster leidet er mit uns. Aus dem traurigen Begleiter der Angst wird nun der göttliche Begleiter der Hoffnung.

Gott ist viel mehr um uns besorgt, als wir es selbst je sein können. Wie seinen Augapfel birgt und umhüllt Gott die Seinen.

Gott wohnt mit seinem Geist in uns. Unser zerbrechliches Leben, unser sterblicher Leib soll eine Wohnung seines Heiligen Geistes sein. Seine ganze Herrlichkeit soll in uns zur Auswirkung und zum Ausdruck kommen. Gott nimmt Wohnung bei uns, damit wir einmal ganz bei ihm wohnen und zu Hause sein können.

Und Gott ist schließlich für uns. Sein Treueversprechen ist unverbrüchlich. Es gilt unter allen Umständen und ohne jede Einschränkung. Die letzte Garantie für unser Leben liegt nicht in unserem Glauben, unserer Erfahrung, sondern in seiner absoluten Treue. Gott ist für uns. Wer mag dann noch gegen uns sein? Gott spricht für uns. Wer will dann noch gegen uns sprechen? Und selbst wenn uns unser Herz verdammt, ist Gott noch größer und in seiner Liebe für uns da.

Ich kann ruhig schlafen, auch wenn kein Mensch zu mir hält, denn du, Herr, beschützt mich.
Psalm 4,9

Bewusste Entscheidung

Wer sich inmitten von Hass und Neid, Zank und Streit, Missgunst und Groll bewusst für die Liebe entscheidet, verändert ein klein wenig die ganze große Welt.

Lasst euch in eurem Denken verändern
und euch innerlich ganz neu ausrichten.
Epheser 4,23

Hast du dich selbst lieb?

„Hast du dich selbst lieb, so hast du alle Menschen lieb wie dich selbst. Solange du einen einzigen Menschen weniger lieb hast als dich selbst, so hast du dich selbst nie wahrhaft liebgewonnen!“ (Meister Eckhart)

Liebe dich selbst, denn du bist ein Wunder Gottes. Wenn du dich selbst liebst und annimmst, akzeptierst und bejahst, weil Gott dich einzigartig gemacht hat, wirst du die anderen Menschen, die auch aus Gottes wunderbarer Werkstatt stammen, mit derselben intensiven und zarten Liebe annehmen und wertschätzen wie dich selbst. Wenn Gott dich so liebt, warum solltest du dich nicht so lieben? Wenn Gott den anderen liebt, warum solltest du ihn nicht so lieben? Wenn Gott dich als Lebendigen so will, warum solltest du das Leben in der Gestalt deiner Person nicht lieben?

Diese Liebe wird in die Freude an deiner Existenz, an der Entfaltung der in dir liegenden Gaben und am Zusammenkommen mit anderen Menschen führen.

Ihr sollt ihn von ganzem Herzen lieben, mit ganzer Hingabe, mit eurem ganzen Verstand und mit all eurer Kraft. Ebenso wichtig ist das andere Gebot: Liebe deinen Mitmenschen wie dich selbst.

Markus 12,30f.

Ungeduld des Herzens

Ein Mann bekommt eines Tages eine wunderbare Gans geschenkt. Am nächsten Morgen legt die Gans ein goldenes Ei. Der Mann ist außer sich vor Freude und strahlt vor Glück. Am folgenden Morgen legt die Gans wieder ein goldenes Ei. Der Mann weiß sich vor Jubel kaum zu fassen. Nun kann er sich alle Wünsche erfüllen. Als die Gans am dritten Morgen wieder ein goldenes Ei legt, kommt ihm ein Gedanke. Er rennt in die Küche, holt das große Messer, stürzt sich auf die Gans, schneidet sie hastig auf und greift gierig hinein. Aber erfindet nur Gedärme und Dreck. Nun ist die Gans tot und legt ihm nie wieder ein goldenes Ei.

Eine traurige Geschichte, die vom Menschen erzählt, der in seiner Gier nach Mehr das Lebensglück zerstört. Jeder Tag, jeder Lebensabschnitt, jede Liebe, jede Beziehung ist ein großes Geschenk. Wir brauchen Zeit und Ruhe, um die täglichen Geschenke richtig zu empfangen und mit ihnen besonnen umzugehen. Aber die Ungeduld des menschlichen Herzens hat schon so manchen Tag, so manche Liebe, so manches zarte Glück zerstört, weil sie nicht warten und vertrauen konnte. Die Angst vor dem Weniger und die Gier nach dem Mehr machen uns das Leben schwer. Die Angst, zu kurz zu kommen, etwas zu verpassen, das Glück zu versäumen, und die Gier, immer alles und sofort haben zu wollen, machen unser Leben kaputt. Wir müssen jeden Tag in Ruhe ausgehen, jedes Glück besonnen empfangen, jede Beziehung ausreifen lassen und jeden Erfolg wachsen lassen. Wie hastig rennen die Menschen hinter dem großen Leben her und sehen nicht die vielen wunderbaren kleinen Dinge. Wie ängstlich hüten die Menschen ihre Güter und vergessen das wirklich Gute: ihre Lebenszeit zu nutzen.

Gott schenkt uns jeden Tag seine Liebe und Nähe, umgibt uns immer wieder neu mit seiner Barmherzigkeit. Damit können wir in Ruhe und Vertrauen leben.

Gnädig und barmherzig ist der Herr; groß ist seine Geduld und grenzenlos seine Liebe!.
Psalm 145,8

Völlig überfüllt

Wir sind völlig überfüllt mit allem Möglichen.

Wir haben den Kopf voller Pläne
und alle Hände voll zu tun.

Wir haben die Nase voll und den Hals voll,
wir haben den Bauch voll und den Kanal voll.

Unsere Häuser sind voll, die Straßen sind voll,
die Parkplätze und die Kaufhäuser.

Die Regale sind voll, die Taschen sind voll und
die Schränke.

Unsere Kalender sind voller Termine
und unsere Herzen voller Sehnsucht.

Wir haben Angst vor Lücken
und Leerräumen.

Wir bauen alles zu, stellen alles voll,
sind völlig überfüllt.

Wir sind total besetzt,
und wenn Gott mit uns etwas Neues

anfangen, uns leiten, anrühren
und seine Pläne zeigen will,

haben wir da noch Freiraum
und innere Offenheit?

Merkst du es denn nicht? Noch stehe ich vor deiner Tür und klopfe an. Wer jetzt auf meine Stimme hört und mir die Tür öffnet, zu dem werde ich hineingehen und Gemeinschaft mit ihm haben.
Offenbarung 3,20

Der Schatz der Liebe

Ein altes Ehepaar geht zu Bett. Die Kissen werden aufgeschüttelt, der Wecker aufgezogen und in Sichtweite gestellt. Liebevoll schaut der Mann zu seiner Frau hinüber, streichelt ihr faltiges Gesicht und meint: „Mehr als fünfzig Jahre schlafen wir nun gemeinsam ein und sind glücklich miteinander. Glaube mir, Frau, nicht für eine Million gäbe ich dich her!“

„Ja, das weiß ich, Mann, aber du bist auch nicht zu haben, auch nicht für eine Million!“ Zwei Menschen nach einem langen Leben und voll Wertschätzung füreinander. Sie sagen sich: „Nun schlage gut!“ Er gibt ihr noch einen Kuss und flüstert: „Hast du auch die Haustür gut abgeschlossen? Hier liegen schließlich zwei Millionen.“

Genieße das Leben mit der Frau,
die du liebst, solange du dein
vergängliches Leben führst, das Gott dir
auf dieser Welt gegeben hat.
Genieße jeden flüchtigen Tag,
denn das ist der Lohn für deine Mühen.
Prediger 9,9

Viel Glück und viel Segen

So wünschen und singen wir uns zum Geburtstag: „Viel Glück und viel Segen auf all deinen Wegen, Gesundheit und Frohsinn sei'n auch mit dabei!" Wenn Juden sich das auf Hebräisch wünschen, heißt es: „Hazloche un broche", also Glück und Segen. Daraus ist früher der im Deutschen sonst nicht erklärbare Wunsch „Hals- und Beinbruch" geworden. Niemand würde jemandem wünschen, dass er sich den Hals und ein Bein bricht. Aber „hazloche un broche", also Glück und Segen, sollten wir uns öfter wünschen.

Der Herr segne dich und behüte dich!
Der Herr blicke dich freundlich an und sei dir gnädig! Der Herr wende sich dir in Liebe zu und gebe dir Frieden!
4. Mose, 6,24-26

FSC
www.fsc.org
MIX
Papier aus verantwortungsvollen Quellen
FSC® C014496

Bibliografische Information der Deutschen Nationalbibliothek:
Die Deutsche Nationalbibliothek verzeichnet diese Publikation in der Deutschen Nationalbibliografie; detaillierte bibliografische Daten sind im Internet über http://dnb.d-nb.de abrufbar.

Umschlaggestaltung: Grafikbüro Sonnhüter,
www.grafikbuero-sonnhueter.de,
unter Verwendung von Bildern von
© Lucky clover, Beresnev (shutterstock.com)
Textzusammenstellung und Lektorat: Lea Omers
DTP: Grafikbüro Sonnhüter, www.grafikbuero-sonnhueter.de
Verwendete Schrift: Matrix, Garamond
Gesamtherstellung: GGP Media GmbH, Pößneck
Printed in Germany
ISBN 978-3-7615-6689-3
www.neukirchener-verlage.de